AF497330

ÉTUDE

SUR LA VIE ET LES OUVRAGES

DE

DAVID (d'Angers),

STATUAIRE,

PAR ADRIEN MAILLARD.

Il y a une époque dans la vie des hommes célèbres, où leurs travaux leur ont acquis une réputation si éclatante, qu'il devient presque nécessaire, ne fût-ce que pour apaiser la curiosité de la foule, d'énumérer dans une liste spéciale la majeure partie des faits qui, privés ou publics, les uns après les autres et durant une assez longue suite d'années, ont signalé leur passage dans le monde. Il faut qu'on puisse embrasser d'un coup d'œil l'existence de ces génies qui font l'ornement du siècle ; il faut qu'on sache ce qu'ils sont, ce qu'ils ont été, par quel chemin d'épreuves et de souffrances leur courage les a poussés vers la gloire. Si le devoir de procurer ou d'agrandir la connaissance de telles choses est, pour ainsi parler, imposé à quiconque possède l'intelligence de ce qui est grand, combien, à plus forte raison, ne doit-il pas l'être à ceux que le hasard plaça plus près de ces nobles figures, à ceux qui, sans exciter la dé-fiance, et sans devoir jamais servir d'instruments à la haine, purent les envisager sous tous leurs aspects.

1

Pierre-Jean David, statuaire, professeur à l'Académie de peinture, membre de l'Institut de France, de la Légion-d'Honneur, de l'Ordre du Sauveur (de Grèce), des Académies de Gand, de Cambrai, de Saint-Luc (à Rome), de Besançon, de Béziers, de Rouen et de Marseille, naquit à Angers, chef-lieu du département de Maine et Loire, le 12 mars 1789, rue de l'Hôpital, dans une maison qui fait face à l'hôtel de Lantivy. Enfant, sa constitution était délicate et frêle ; elle ne paraissait pas lui promettre une vie longue, ni surtout devoir lui donner cette force physique toujours enviable, sans laquelle on finit par devenir inhabile aux grandes opérations de la pensée, et avec laquelle, au contraire, on ne redoute plus les fatigues et les veilles qui seront la source de l'illustration. Sa famille, assez nombreuse, puisqu'elle se composait de six personnes, était, sous tous les rapports, honorable et digne ; mais elle était peu aisée, et hors d'état de subvenir aux dépenses ruineuses qu'entraîne l'éducation complète d'un homme qui se dispose à embrasser la profession des arts. Ce fut, on peut le dire, au milieu de la détresse, sous le cauchemar pesant de l'inquiétude causée par les exigences du lendemain, que David passa ses premières années. S'il a conquis la gloire, s'il est devenu un artiste que l'Europe admire, il n'en doit remercier que Dieu et lui-même. C'est à travers les obstacles de tout genre, qu'il est allé chercher ses couronnes ; c'est au milieu des vicissitudes les plus accablantes de la vie, qu'il s'est construit le piédestal que nous lui voyons aujourd'hui. Une mère tendre et intelligente lui donna, pendant l'enfance, ces leçons de désintéressement et de patriotisme dont il a fait depuis une application si habituelle. Nous voudrions pouvoir dire ici quels exemples de dévouement et de courage, sans sortir de la maison de son père, il avait alors sous les yeux.

David manifesta, dès le bas âge, des idées bien rares chez

un enfant, idées que les circonstances dans lesquelles s'é-
coulèrent les premiers temps de sa vie expliquent suffisamment, abstraction faite même d'une organisation exception-
nelle. C'était l'époque d'une guerre désastreuse dans l'Ouest.
Les uniformes pompeux qu'il voyait tous les jours passer
sous la fenêtre, le préoccupaient au dernier point ; il se
rappelait avoir traversé, tout petit, la Vendée en armes,
assis sur un caisson, guidé par un menuisier, à qui son
père, soldat républicain, l'avait confié ; avoir entendu des
cris de mort au milieu des campagnes soulevées; avoir partagé les périls des défenseurs de la patrie, lorsqu'il pouvait à peine entrevoir quels grands intérêts se débattaient
devant lui. Il parlait toujours de la mer, des batailles sanglantes : sa jeune imagination s'exaltait au récit des événements dont la France était le théâtre ; et ce long drame
d'un peuple agité outre mesure, même au sein de ses victoires, roulait dans le rêve indécis de ses pensées, comme
il roulait devant les yeux de ceux qui pouvaient le comprendre tout entier. Il se montrait inquiet, aventureux et
sauvage ; une énergie singulière se déployait dans ses paroles ; ses actions portaient le cachet du courage et de
l'indépendance.

Le père de David exerçait la profession de sculpteur sur
bois. Si le nom du fils efface celui du père, le nom de ce
dernier n'en doit pas moins recevoir une honorable men-
tion. David, père, a, en effet, produit des ouvrages qui,
quoiqu'ils ne révèlent pas un homme de génie, annoncent
cependant un artiste habile. Les premiers objets que le
jeune David eut sous les yeux, furent donc des figures
sculptées de toutes sortes, depuis le soudard aux *joues
rebondies*, jusqu'aux ornements les plus familiers. Enfant,
il s'extasiait à leur aspect; et, pareil au Giotto, dont
la renommée dépendit peut-être de l'instinct de curiosité
qui le poussa à entrer presque nu, un matin, dans l'ate-

lier de Cimabué, pour feuilleter les cartons du maître, il épiait le moment où il lui serait permis de passer aussi la main sur ces figures, et de les contempler long-temps dans le silence. Il accompagnait ordinairement son père là où il travaillait. Quoiqu'il ne fût encore qu'un enfant, il était utile à quelque chose. Il aidait à porter, dans tout ce qui était de sa compétence, le lourd fardeau du pauvre sculpteur. D'ailleurs, lors même que sa présence eût été inutile, lors même qu'il eût pu se dispenser d'accompagner le vieil artiste, eût-il jamais consenti à le faire? non; l'ardeur qui le possédait était trop grande; son appétit naissant pour l'art trop difficile à combattre. Le père s'en allait sculpter la vaste boiserie du chœur de Saint-Maurice d'Angers; et, tandis que, monté sur l'échelle, il dessinait ou découpait les ornements et les festons de cette boiserie très belle, le fils, accoudé mélancoliquement sur les dalles, suivait avec une attention soutenue la marche du ciseau de son père, et, par des observations auxquelles celui-ci était loin de s'attendre, l'étonnait déjà plus qu'on ne peut penser.

David ne tarda pas à se mettre lui-même à l'œuvre; à peine avait-il atteint l'âge de onze ans, qu'il maniait déjà l'ébauchoir dans l'atelier. Il se réjouissait, disait-il, de travailler pour la gloire, et de n'être bientôt plus à charge à sa famille. Une facilité surprenante commençait à se montrer en lui, et cette facilité, l'amour de l'art, qu'il nourrissait dans son cœur, tendait incessamment à l'accroître.

Quoi qu'il en soit, ces premiers symptômes d'une vocation qui se précisait de plus en plus, chagrinaient amèrement le vieux sculpteur. Lui qui savait ce qu'il en coûte pour arriver à la renommée, et ce qu'il faut faire d'efforts pour essayer même vainement d'y arriver; il n'aurait pas voulu que son jeune fils ambitionnât la gloire d'un artiste:

son esprit sévère et inquiet se raidissait contre la pensée,
que ce n'est souvent qu'au prix des humiliations, que l'artiste ignoré gagne son pain de chaque jour. Il savait
qu'on s'échappe difficilement de la sphère sociale dans laquelle on naît enfermé. Il est si rare, disait-il, qu'on
vienne au monde avec un génie assez puissant pour se re-
commander de force à l'admiration générale ; si rare que,
même en présence des chefs-d'œuvre, la bourse du riche
s'ouvre pour le payer. Et, qui garantissait que le jeune
enthousiaste produirait un jour des chefs-d'œuvre ? sa-
vait-on si ce désir ardent de conquérir la gloire avec l'art,
n'était pas une capricieuse fantaisie d'enfant ? quelle in-
duction légitime pouvait-on tirer de cette aptitude singulière qui s'annonçait dès le plus bas âge ? David, père,
ne pouvait se résoudre à laisser librement entrer son fils
dans une carrière où les chances de bonheur sont si in-
certaines ; il sentait le besoin de protester contre les
penchants de ce fils ; et pour les combattre avec plus de
succès, il ne cessait de lui rappeler ces morts tragiques
d'artistes chez lesquels une misère affreuse avait étouffé
l'ambition la plus sublime. Il ne voulait pas que cet enfant
qu'il aimait *mourût de faim*, comme il le répétait souvent.
— Toutefois, le jeune David résistait avec opiniâtreté aux
remontrances de son père. Comprenant au fond du cœur,
que sa destinée était d'être artiste, il faisait déjà, quoiqu'enfant, tout ce qu'il fallait faire pour le devenir (1). Il

(1) La vue d'une gravure représentant le *Marcus Sextus*, de
Guérin, contribua beaucoup à l'affermir dans ses résolutions. Cette
gravure lui enseigna tout d'un coup ce qui, jusque là, était resté
inconnu pour lui, à savoir quelles ressources un artiste doué de
sensibilité et d'énergie, trouve dans les émotions de l'ame humaine.
Lui qui n'avait encore vu que des formes est des contours, il venait
d'envisager des sentiments et des pensées. « Le *moral* de l'art,
nous disait-il, prit pour la première fois, ce jour-là, possession de
mon esprit. »

songeait au marbre, aux grands hommes dont il entendait prononcer le nom : il allait tout à l'heure concevoir l'idée d'élever un monument au vainqueur de Wurmser et du prince Charles.

A l'époque dont nous parlons, le jeune David, sans avoir pris de leçons, dessinait déjà depuis long-temps. A neuf ans, il avait composé quelques bouquets de fleurs ; et le premier de ces bouquets avait été offert au père, le jour de sa fête. Mais le vieux sculpteur avait bien vite saisi cette occasion pour blâmer sévèrement les nobles penchants de son fils. Cependant Pierre-Jean David se disposait à faire du dessin une étude particulière ; il avait compris que les ressources infinies de l'art se cachent dans les éléments les plus simples, et il était loin d'ignorer qu'un dessin correct est la base de toute sculpture irréprochable. Nous devons dire en passant que cette préoccupation du dessin en général a continuellement distingué David. Il dessine avec une facilité prodigieuse ; sa pensée tout entière se peint aisément avec des lignes. Peu d'artistes, en Europe, peuvent rivaliser avec lui dans cette science du dessin. Il composerait, en une demi-heure, des tableaux pleins de verve. Les bas-reliefs nombreux, qu'il a répandus en France, ne sont-ils pas des fresques vivantes où toute l'énergie et l'action que le peintre peut dépenser sur la toile, sont sculptées avec la plus puissante vérité dans le marbre !

David se mit donc à suivre le seul cours de dessin qui fût alors professé à Angers. C'était celui de l'*Ecole centrale*. Une distribution des prix de cette école, à laquelle il avait assisté par hasard, l'avait enflammé d'un nouveau zèle. Il éprouvait une sorte de joie à aller chercher la science au sein d'une institution républicaine, où l'émulation était sans bornes. Une fois entré là, David suivit aussi le cours de mathématiques sous M. Bénaben, ancien oratorien et mathématicien distingué.

Des mains de M. Marchand, son premier professeur de dessin, il passa sous la direction de M. Delusse, dont l'amitié pour lui ne s'est jamais démentie. Il avait déjà fait de rapides progrès dans cette science, quand ses leçons furent tout à coup interrompues par la suppression de l'*École centrale* elle-même. Le jeune élève dut penser à chercher ailleurs les enseignements dont il avait besoin, et il tourna les yeux vers Paris ; mais que cette volonté d'aller à Paris fut un sujet cruel de dégoûts pour lui ! et que, pour effectuer ce voyage, il lui fallut vaincre d'obstacles ! Son père, par une défiance bien excusable, dont les motifs ont été précédemment indiqués, s'opposait formellement au départ. Le fils, désespéré de la résistance qu'il avait à vaincre, résolut de mettre fin à ses jours. Il avait même, dans cette vue, fait usage d'une plante qualifiée vénéneuse, mais dont, heureusement, les effets ne furent point ceux qu'on attendait. Cette pensée du suicide se conçoit à merveille d'une ame qui n'a qu'un but auquel on l'empêche d'atteindre ; il n'y a point ici lassitude banale de la vie, mais conviction profonde de l'inutilité de ce qu'on fera, si ce que l'on fait n'est pas ce que l'on est appelé à faire. Une autre fois, n'ayant que quinze francs dans sa poche, il voulut s'échapper, sans qu'on le sût, de la maison paternelle ; mais la voix suppliante de sa mère le retint, et il resta de nouveau cloué sur le sol qu'il demandait avec tant d'ardeur à abandonner. Il y serait resté, et Dieu sait quel sort lui eût été réservé ! si M. Delusse ne fût intervenu en sa faveur. Le vieux maître prit David, père, en particulier : il lui persuada que l'avenir qu'il redoutait pour son fils, ne serait pas aussi triste qu'il le pensait ; et, pour le convaincre davantage, lui montra deux têtes de femmes que le jeune David avait récemment modelées en terre glaise. Ces têtes étaient celles de deux figures en marbre dont Michel-Ange, par ordre de Léon X, orna les tombeaux des Médicis, à Florence ; elles étaient fort bien réussies, et cependant l'argile que David avait employée pour les faire, était la première qu'il eût pétrie encore. David, père, ne put résister à l'énergie des preuves matérielles que M. Delusse apportait à l'appui de ses exhortations : quoiqu'il ne consentît pas encore à se déclarer vaincu, il ne s'opposa ouvertement à rien. M. Delusse prêta quelque argent au jeune homme, qui partit immédiatement pour la capitale, où un séjour de plusieurs années était indispensable pour l'achèvement de ses études. Il avait alors dix-huit ans.

La somme que David avait emportée pour son voyage, était loin d'être suffisante. Elle ne s'élevait pas à plus de soixante francs. Elle fut presque dépensée avant que le jeune artiste eût mis le pied sur le pavé de Paris. Il fallut donc se résigner à travailler dans le but de gagner le pain de chaque jour, et de ne pas mourir de faim. Il est impossible de décrire, comme elles mériteraient de l'être, les souffrances d'esprit et de corps que David éprouva dans ce premier séjour à la capitale. Il était venu à Paris pour acquérir la science pratique qui lui manquait encore ; il voulait marcher hardiment à cette gloire qu'il entrevoyait comme une lueur devant lui ; et les ressources premières, celles du sommeil et de la nourriture, l'abandonnaient ! Une adversité si douloureuse ne pouvait être surmontée que par ce courage inébranlable qui caractérise au plus haut point notre illustre concitoyen. C'est bien à lui qu'on peut justement appliquer ces paroles du poète : « *illi robur et œs triplex circà pectus erat.* »

Quelques jours après son arrivée à Paris, David se mit à travailler à l'arc de triomphe du Carrousel, pour les petits ornements, et aux modillons de la corniche du Louvre, qui regarde le Pont-des-Arts. Il gagnait vingt sous par jour, avec lesquels il achetait du pain pour toute nourriture. La tendresse inépuisable de sa mère et l'amitié d'un jeune Angevin, le soutinrent dans cette rude épreuve, dans cette lutte de la volonté de s'instruire et de la nécessité de travailler exclusivement pour vivre. A quelles tristes réflexions le jeune artiste ne dut-il pas se livrer alors ! Cependant, à l'heure qu'il est, David ne parle de ce temps qu'avec larmes ; tant il est vrai que le malheur enduré dans une période quelconque de la vie, nous élève nous-mêmes à nos propres yeux. Une mère chérit toujours davantage l'enfant qui lui a le plus violemment déchiré les entrailles.

Il fréquentait très assidûment l'atelier du grand peintre Louis David, ainsi que celui du sculpteur Rollant. Il continua également, sous Béclard, les leçons d'anatomie qu'il avait commencées à Angers, sous le même (1). Le soir, David, rentré chez lui, modelait avec un soin et un attachement tout particuliers, et jusqu'à une heure très avancée de la nuit, les peintures du premier maître de la France, de Nicolas Poussin. (2) Il s'excitait lui-même à ne pas dormir ; et, s'il voulait goûter quelques instants de repos, il s'étendait courageusement sur des planches qui, seules, composaient son lit.

(1) Des leçons de la même science lui furent données plus tard, aux Capucins, par M. Mirault, d'Angers, dont le savoir fait honneur à sa ville natale.

(2) David a toujours préféré aux coloristes les peintures qui, comme Poussin, ont su représenter les sentiments de l'ame avec simplicité et grandeur. Il repousse *le trompe l'œil*, et ne veut point que le pinceau serve à faire naître des illusions.

De semblables travaux, une telle persévérance, durent porter leurs fruits. Dix-huit mois s'étaient à peine écoulés depuis que le jeune sculpteur avait quitté à Angers, que, déjà, des succès glorieux avaient récompensé son zèle. Il avait remporté une médaille à l'Académie, il avait été remarqué de tous ses maîtres, et il avait exposé au *Concours d'essai* de 1809, des ouvrages tellement louables que l'attention générale s'y était fixée. David le peintre avait déclaré hautement que les compositions du jeune Angevin décelaient une *énergie passionnée.*

Ce fut alors que la ville d'Angers, sur la demande des artistes Menageot et Pajou, demande apostillée par tous les membres de la quatrième classe de l'Institut, décida qu'une somme de six cents francs serait annuellement affectée aux besoins de David. David a témoigné sa reconnaissance, et il ne se lassera jamais de la témoigner ; notre musée regorge de ses ouvrages.

La même année (1810) il remporta le prix de la tête d'expression, fondé par Caylus, et le second prix de sculpture du Concours.

En 1811, il remporta le premier grand prix, le prix de Rome.

Les ouvrages qui méritèrent ces trois nobles récompenses sont, 1.º une tête de *la Douleur,* 2.º *Othryades,* 3.º le bas-relief d'*Epaminondas.* On les voit au musée d'Angers.

Mais il n'était pas dit que l'artiste qui les avait exécutés ne chercherait qu'à Paris un aliment à son génie. Les études préliminaires étant faites, c'était sous le ciel ardent de l'Italie, de cette Italie, pays des grands hommes et des grandes choses, dont le sol conserve religieusement et les ossements des héros et le marbre des statues ; c'était là qu'il fallait aller chercher maintenant les principes de toute perfection dans l'art. David était un de ceux qui souhaitaient le plus de se rendre à Rome. Le grand prix qu'il obtint, à l'occasion du bas-relief d'*Epaminondas*, facilita pleinement son départ.

Pendant les cinq années de son séjour en Italie, où il resta comme pensionnaire de l'Académie de France, David se borna, pour ainsi dire, à étudier. De Rome, il alla à Naples, où il demeura trois mois, et de là à Portici, à Pompéia et à Herculanum, riches musées qu'il habita pendant quelques semaines. Il visita également Florence, Venise et tout le reste de la péninsule. Il eut même l'intention de pousser plus loin et de gagner l'Egypte, où la princesse de Galles, qui lui avait témoigné beaucoup d'estime, voulait l'emmener. Mais de graves motifs le retinrent. Dans ce voyage d'Italie, David entretint des relations d'amitié avec une foule d'artistes qui devaient devenir célèbres, tels que Abel de Pujol, Ingres, et avec d'autres qui l'étaient déjà, entre lesquels Canova, alors inspecteur-général des Beaux-Arts, à Rome, et prince de l'Académie de S⊥-Luc. Ce grand homme, ayant remarqué les dispositions extraordinaires de David, prenait plaisir à l'appeler quelquefois près de lui, et à lui témoigner une bienveillance affectueuse. Il lui montrait lui-même ses statues, et l'initiait aux secrets de l'art. Il n'est pas inutile de dire ici un mot des opinions de David sur les travaux de ce statuaire, et des réflexions qu'ils lui suggérèrent. L'exposé de ces réflexions prouvera que, dès le temps du voyage d'Italie, David pensait déjà à ouvrir une route nouvelle à l'art. Notre jeune concitoyen fut ravi du fini des œuvres de Canova, et de leur rare perfection toute calquée sur l'antique ; mais il fut profondément attristé de leur inutilité sous le rapport national ou religieux au 19.ᵉ siècle. En présence de ces statues admirables, écloses presque toutes au souffle de l'antiquité païenne, empruntées aux idées de la mythologie grecque, il se demandait quels généreux sentiments leur apparition répandait dans l'ame, quels souvenirs patriotiques s'y pouvaient rattacher. Il se demandait cela, lui qui commençait à considérer les produits de l'art comme destinés à l'instruction de la foule, comme faits pour lui rappeler ses triomphes, ou pour lui montrer un but glorieux. La maxime *l'Art pour l'Art*, David l'a toujours réprouvée ; il a toujours voulu qu'une certaine utilité découlât des travaux de l'artiste. Il voit clairement par quel chemin l'humanité dirige sa course ; il sait que les masses ont besoin d'être encouragées et instruites ; il ne veut pas que les produits de l'art servent seulement à exciter l'enthousiasme des imaginations choisies ; il veut qu'ils donnent de nobles pensées à tous les hommes. Or, soit qu'on sculpte, à l'heure qu'il est, les dieux de l'antiquité ; soit qu'on suive, dans un horizon indéterminé, les lignes d'un *beau idéal* souvent difficile à comprendre, on ne pourvoit pas à ce besoin immense de la foule. Abreuvez-vous aux sources fécondes que l'antiquité a ouvertes ; suivez les procédés ; mais si vous commencez une œuvre, qu'elle soit originale ; qu'elle soit conforme aux mœurs du sciècle. La seule chose qui vous soit permise, — et David engage tous les artistes à le faire, — c'est de chercher dans l'histoire de l'antiquité, les événements honorables qu'il faut éterniser. De cette manière, la *forme* seule ne sera plus l'objet de vos études, et des enseignements *utiles* sortiront de vos mains. Laissez dormir les dieux de la fable antique ; songez, songez surtout aux hommes qui ont illustré le sol où vous êtes né ! — David, lui, sortait d'un pays où la gloire avait été, pendant vingt années, l'aliment unique de la nation ; il ne voulait pas que les preuves de dévouement et de vertu fussent perdues, il savait les luttes qu'il faudrait soutenir encore ; au lieu de faire les dieux d'une religion morte, il voulait qu'on sculptât les grands hommes d'une patrie vivante ! aussi, Canova lui paraissait-il avoir dévié de la route voulue, lorsqu'il se montra si scrupuleux disciple de la Grèce. David n'a jamais oublié les impressions diverses que l'atelier de ce maître lui causait, à Rome. Ces impressions ont eu leur fruit ; c'est d'après elles qu'il a réglé sa conduite ; il a admiré la Grèce, mais il lui a préféré son siècle. Le musée qu'on remplirait des ouvrages de David, ne serait, si nous pouvons le dire, qu'un symbole de l'hommage rendu sous toutes les formes aux illustrations nouvelles de la France et de l'humanité.

Un fait très important dans la vie de notre concitoyen, et qui tient au voyage d'Italie, c'est la coopération de David au grand mouvement politique qui s'opéra dans la péninsule, en 1815. David faillit devenir victime de son libéralisme. Comme il faisait partie d'une colonne assez nombreuse de patriotes qui se rendaient au-devant de Murat, déjà fusillé au Pizzo (13 octobre 1815), il fut fait prisonnier près de Pœstum, et ne dut la liberté et la vie qu'à la magnanimité d'un jeune officier hongrois.

Il ne revint à Paris qu'en 1816. Sa santé était affaiblie. Il avait lutté long-temps contre les fièvres pénibles que le voisinage des Marais Pontins apporte aux habitants de Rome. A ce voyage nous devons entre autres ouvrages, qui tous demanderaient une description spéciale, une tête en marbre d'Ulysse, et un *jeune berger* (1).

Au retour de David toutefois, le pays avait bien changé de face. La nation, dont l'élite venait de succomber sur le dernier champ de bataille de l'empire, et dont le chef majestueux voguait vers Ste-Hélène, la nation retrouvait d'anciens maîtres ; mais ces maîtres, que le couteau révolutionnaire avait décimés avant l'exil, commençaient à se livrer à des représailles sanglantes. L'invasion campait d'ailleurs à nos

(1) Musée d'Angers.

portes ; et, insolente qu'elle était devenue par un succès inaccoutumé, elle arrachait, comme l'a dit le poète Barbier,

<blockquote>
l'écorce de nos arbres,
Pour la jeter à ses chevaux.
</blockquote>

David ne pût, supporter, lui en France, la vue de calamités semblables. Il prit la résolution de quitter un pays désormais livré aux étrangers, et où la gloire ne devait plus servir à consoler personne. Il pensa à visiter l'Angleterre. Deux motifs l'y engageaient : demander des conseils à Flaxmann ; voir les bas-reliefs du Parthénon, détachés par lord Elgin, et apportés à Londres. David passa par Angers, remit à sa famille le peu d'argent que ses travaux lui avaient acquis, moins ce qui était indispensable pour le voyage, et partit.

Le sculpteur Flaxmann jouissait d'une grande réputation en Angleterre ; ce fut à lui le premier que David s'adressa. Il espérait que, sous le patronage d'un tel homme, il ne pourrait manquer d'ouvrage, et que, même en s'instruisant, comme il croyait encore devoir le faire, il trouverait à gagner convenablement sa vie ; il attendait de Flaxmann protection et bienveillance. Il s'était bien trompé. John Flaxmann, naturellement orgueilleux et hautain, tout entier dévoué aux principes de l'aristocratie de son temps, ennemi déclaré de la révolution française et des Français, trouva que le nom du jeune Angevin lui rappelait avec une fidélité trop grande le nom d'un peintre fameux qui avait voté la mort de Louis XVI. Il s'éloigna de David, lui refusa toute espèce d'appui, et ne voulut pas en entendre parler. David se vit donc encore une fois sans ressources ; ses misères physiques et ses privations recommencèrent, misères et privations entièrement semblables à celles qu'il avait éprouvées, lors de son premier voyage à Paris, en 1808. Or, tandis que, sur un sol étranger, il remâchait ainsi des herbes amères; tandis que, froissé en tous sens, et rebuté de ceux-là même en qui il avait espéré, il commençait à douter de la destinée qu'il s'était promise, son patriotisme et sa fierté nationale lui faisaient envisager avec mépris tout moyen d'arriver à la gloire, qui serait en opposition avec ses principes de citoyen. Une souscription s'était formée à Londres, dans le but d'élever un monument destiné à perpétuer le souvenir de Waterloo. Il s'agissait de construire une colonne à peu près pareille à celle de la place Vendôme. On savait qu'un sculpteur français, désireux d'obtenir du travail, était alors à Londres. Pour avoir bon marché, ou plutôt, — ce qui serait infâme, — pour trouver, dans une trahison, l'occasion d'un triomphe à ajouter à l'autre, on ne crut pouvoir mieux faire que de s'adresser à David. Une personne de haut parage vint, au nom de la société de souscription, lui faire des offres. Comment se conduisit David en cette circonstance à jamais mémorable de sa vie? Sans discuter le moins du monde les conditions auxquelles la création du monument projeté était soumise, il refusa net de se charger d'un tel ouvrage. Son ciseau n'était point fait, répondit-il, pour outrager la mémoire des braves, et toutes les richesses de la terre ne l'engageraient pas à trahir ceux qui sont morts en défendant le pays. La somme qu'on offrait à David devait pourtant lui assurer l'aisance; et le monument qu'on lui proposait d'entreprendre devait peut-être fonder sa renommée. Tout cela ne put éblouir le jeune artiste. L'amour de la patrie est aussi exclusif que l'amour d'une femme; il n'admet ni concession de complaisance, ni accommodements égoïstes : devant lui l'intérêt personnel s'efface; et ni les trésors d'Artaxerce, ni les promesses de Pyrrhus, ne le font se sacrifier à une lâcheté.

David ne resta que dix-huit jours à Londres. Il revint de suite à Paris : on était encore en 1816. Ici, commence la partie la plus glorieuse de la vie de notre concitoyen. Nous allons entrer dans la vie publique de l'artiste ; nous abandonnons à regret, parce que nous ne les avons pas tous donnés, et que les meilleurs peut-être restent consignés dans des notes réservées, ces détails intimes que seuls les amis savent. C'est dans les ouvrages de David que nous étudierons désormais son histoire.

Cette histoire sera divisée en deux périodes, la première commençant à 1816, et finissant à 1830 ; la seconde prenant naissance à 1830, et s'arrêtant à la présente année 1838.

Dans la première période, les ouvrages sortis des mains de David, sont ceux que nous allons énumérer.

La Statue de Condé. (Marbre.) Placée originairement sur le pont Louis XV, elle se trouve maintenant dans la cour d'honneur du palais de Versailles, assez près de ce corps de bâtiment en briques construit sous Louis XIII. Tout le monde connaît l'attitude guerrière du vainqueur de Rocroi et de Lens ; il semble, en contemplant sa statue, que les sublimes paroles de Bossuet retentissent aux oreilles: « Le voyez-vous, comme il vole, ou à la victoire, ou à la mort ! » — *Ma fine, c'est comme l'orage,* disait une pauvre vieille femme adossée au parapet du pont Louis XV, et effrayée peut-être autant que le furent jadis les Allemands eux-mêmes, de l'aspect imposant du héros. Ce mot peint très bien l'effet que produisait, surtout à la nuit tombante, la statue de Condé, sur son premier piédestal. Elle paraissait menacer comme la foudre. Les émotions du peuple se révèlent ordinairement par des paroles vraies.

Le Christ, la Vierge et *S.t-Jean.* (Pierre dure.) Elles ont été données par l'artiste à la ville d'Angers. On les voit dans une chapelle latérale de S.t-Maurice, à gauche, en entrant dans la nef.

Les douze Apôtres. (Marbre.) Ils décorent le maître-autel de la délicieuse chapelle de Vincennes, bâtie par S.t Louis.

Signalons encore les quatre panneaux de la galerie de Fontainebleau, représentant des génies militaires ; les trois grands bas-reliefs qui racontent l'histoire de *Sainte-Geneviève*, patronne de Paris ; un bas-relief en marbre qui représente *le Génie de la guerre* s'appuyant sur *le Génie des fortifications*, — ouvrage exécuté pour la fontaine de la place de la Bastille ; — une frise de cent quatre pieds, offrant le tableau des principaux auteurs comiques et tragiques : chacun d'eux est suivi de trois de ses meilleures pièces personnifiées ; une autre frise de cinquante-quatre pieds, représentant une marche de soldats (Fontainebleau); le bas-relief du *Retour du duc d'Angoulême à Paris, après la guerre d'Espagne;* enfin les deux figures de *la Justice* et de *l'Innocence,* bas-relief placé dans le carré du Louvre.

Vient après cela *René-le-Bon*, roi de Sicile et duc d'Anjou. La statue de ce prince est en marbre blanc ; sa hauteur est de dix pieds environ. On la voit sur une place publique, à Aix. La figure du père de Marguerite d'Anjou est très ressemblante ; elle a été faite d'après un portrait peint par René lui-même.

Le monument de *Fénelon.* (Marbre.) Il est accompagné de trois bas-reliefs. Il se trouve dans une église, à Cambrai.

Bonchamps. Statue en marbre blanc : l'une des plus admirables qu'ait produites le ciseau de David. Le héros de la Vendée est couché sur une litière ; il vient d'être blessé à mort. On lui apprend la funeste résolution qu'ont formée ses troupes, d'immoler à leur vengeance les quatre mille républicains faits prisonniers pendant la guerre ;

Il s'appuie tout à coup sur un bras, et étendant l'autre vers le ciel : « Non, grâce aux prisonniers, s'écrie-t-il, je le veux, je l'ordonne.» Une semblable prière, de la part d'un chef mourant, assura la liberté et la vie à quatre mille personnes. David, habitué qu'il est à prendre le ciseau dès qu'il s'agit d'une action utile aux hommes, a voulu éterniser la mémoire de celle-ci. Il n'a pas pensé que les susceptibilités ombrageuses de l'opinion dussent tenir en face d'une belle mort et d'un sentiment héroïque. Le père de l'illustre artiste se trouvait d'ailleurs au nombre des prisonniers républicains que la générosité d'un ennemi arracha à un affreux carnage. David pouvait-il témoigner plus énergiquement sa gratitude envers la famille de cet ennemi, qu'en sculptant lui-même la statue du Vendéen qui avait sauvé la vie à son père ! oui, la statue de Bonchamps est l'acte de la plus haute reconnaissance ; mais elle prouve encore que le génie des artistes doit être au service de tous les grands hommes, quel que soit le parti politique qu'ils aient embrassé. — Deux figures allégoriques sont attachées au soubassement qui porte la statue.

La statue de *Foy* au Père Lachaise. Le monument se compose de la statue en marbre du général et quatre bas-reliefs (1).

D'autres ouvrages moins importants, quoique bien remarquables, sont, le tombeau du maréchal Lefebvre ; le bas-relief de la Victoire, au monument du duc d'Albuféra ; le tombeau du comte de Bourck ; celui du peintre Augustin et celui de l'antiquaire Visconti, tous placés au Père Lachaise ; un bas-relief représentant le comte Frotté et six de ses officiers, au moment de leur exécution mili-

---

(1) Il n'a procuré aucun salaire à David, qui n'a exigé que le paiement des praticiens et le prix du marbre.

taire (église d'Alençon) ; le tombeau de la duchesse de
Brissac ; enfin celui du jeune Papiau , d'Angers.

Nous donnerons la liste des bustes et des médaillons
de grandeur colossale faits pendant cette première période.

Bustes. — Grégoire , ancien évêque de Blois ; donné à la
ville de Nancy , sa patrie. — Larévellière-Lepaux. — Volney ;
bibliothèque de l'Institut. — Béranger (1). — Lafayette ;
envoyé aux Etats-Unis et à l'Amérique du Sud. — Lacépède ;
musée d'Angers. — Camille Jordan ; Père Lachaise. — Louis
XVI et François Ier , pour le Hâvre. — Ambroise Paré ,
médecin de Charles IX ; Faculté de médecine de Paris. —
Madame Haudebourd-Lescot, peintre. — Casimir Delavigne.
Colonel Moncey. — Casenave , membre de la Constituante.
— Raoul - Rochette , député. — Caumartin. — Bellart. —
Jérémie Bentham ; envoyé à Londres. — Annibal , enfant.
— Déclard ; musée d'Angers. — Fénimore Cooper ; Etats-
Unis. — Desgenettes , médecin de l'armée d'Egypte. —
Goëhe ; Munich et Weimar. — Bodin, père , et Félix Bodin.
— Mlle Jubin. — Mlle Mollard. — Mlle Robinson. —
Lamartine. — Washington ; Etats-Unis. — Mistress Opie. —
Madame Chartier. — Lady Morgan. — Louis Pavie. —
Bosc. — Fénélon ; Angers. — Arthur O'Connor. — Général
O'Connor. — Boulay, de la Meurthe. — Baron Percy. —
Roi René d'Anjou ; Angers. — Général Hullin. — Pilastre.
— Rossini. — Colonel Baptiste Lemercier. — Châteaubriand.
— Jean Rouvet. — Proust, chimiste ; Angers. — Henri II ;
place publique de Boulogne-sur-Mer.

(1) Ce buste, l'un des plus étonnants que David ait faits, a été
modelé en entier, chose prodigieuse ! en une demi journée. David
commença à onze heures du matin ; à quatre heures de l'après-midi ,
l'argile était pétrie, et l'on pouvait couler en plâtre. Il était temps
de finir, car le lendemain, de bonne heure (1829), les portes de
Sainte-Pélagie s'ouvraient pour l'immortel chansonnier.

Médaillons. — Rouget de l'Isle (1). — Monge. — Manuel. — Kératry. — Gohier. — Alexandre de Lameth. — Crinier.

En 1825 , alors qu'il s'occupait du monument du général Foy, et qu'il appelait au sein de ses ateliers cette foule de célébrités contemporaines qu'on voit figurer dans les bas-reliefs , David eut la pensée à la fois ingénieuse et profonde de réunir, dans une même galerie , les profils en bronze de tous les hommes distingués du siècle. Depuis cette époque , il n'a cessé de chercher à droite et à gauche, en Europe , les têtes dont sa collection pouvait s'enrichir. Son zèle a été si ardent, sa main a été si active, qu'à présent la collection est presque complète. Elle ne renferme pas moins de trois cent cinquante médaillons. Victor Hugo est le seul qui possède un double en bronze de cette galerie.

Dès 1823 , l'attention universelle s'était portée sur David. Louis XVIII avait voulu lui donner la Croix ; le modeste sculpteur avait répondu qu'il ne la méritait pas encore. En 1825 , il se trouva le premier sur la liste des artistes à qui la décoration était due. Il l'a reçut en effet à Versailles. Le 5 août 1826 , David fut appelé à l'Institut, par le libre suffrage des membres de cette assemblée d'élite. Quatre mois plus tard , il était nommé professeur à l'Académie de peinture.

Tant de beaux succès devaient, à ce qu'il paraît, exciter la haine ; David était condamné à ne pas jouir en paix du sort heureux qu'il s'était fait. Un événement terrible

(1) L'auteur de la Marseillaise , depuis long-temps plongé dans une misère affreuse , était dangereusement malade : David va le voir , et obtient la permission de sculpter son profil en marbre. Il fait alors tirer une loterie de 90 billets à 20 fr. chaque. Tous les billets sont distribués ; la somme totale est remise à de l'Isle, que ce secours rend à la vie.

faillit enlever à l'art l'un de ses plus remarquables soutiens.
Dans l'hiver de 1828 , au mois de février, à l'instant où
David , venant de terminer le portrait de M. Duméril,
se rendait, à dix heures du soir, chez le baron Gérard,
et rêvait en chemin aux grandes destinées de la sculpture,
il fut frappé, par derrière, d'un coup violent qui lui ouvrit
la tête et l'étendit presque sans vie sur le pavé. Il savait à
peu près d'où venaient ces attaques ; mais il n'a jamais
voulu agir, quoique la voie des tribunaux lui fût ouverte.
Il savait que sa vie serait probablement menacée encore ;
cependant il a préféré se taire. Il a laissé le meurtrier
s'échapper sain et sauf. Ce fut en quelque sorte afin d'en-
gourdir la secousse morale que cet événement lui avait
causée, qu'il partit de nouveau pour Londres. Dans ce
voyage, il eut des entrevues pleines d'intérêt avec Walter
Scott, Jérémie Bentham, Martin et autres.

En 1829, David se rendit à Weimar, dans le but unique
de faire le buste de Goëthe. Il passa quinze jours près de
l'auteur de Faust.

Quand la révolution de juillet arriva, David, dont l'ame
n'avait cessé de soupirer après les libertés perdues, battit
des mains aux merveilles de ce beau mouvement populaire,
avant-coureur d'une régénération long-temps souhaitée. Il
descendit dans les rues de Paris, combattit avec le peuple,
et ne déposa le mousquet qu'après avoir aidé à arborer le
drapeau tricolore au faîte des palais que la mitraille avait
mutilés. De cruelles déceptions l'obligèrent bientôt à ren-
trer dans l'atelier, d'où il n'est guère sorti depuis.

Ici commence la seconde période de la vie artistique de
David ; elle n'est pas moins remplie que la précédente.

Corneille, statue colossale en bronze (Rouen); *Cuvier*
(Montbéliard); une autre statue du même homme, mais

avec des attributs différents (nouvel amphithéâtre du Jardin des Plantes, à Paris) ; *Jefferson* (Philadelphie) ; *Jean-Racine* (la Ferté-Milon) ; *Talma* (théâtre Français) ; *Gouvion Saint-Cyr* (Père Lachaise) ; *Sainte Cécile* (Saint-Maurice d'Angers) ; *Philopœmen* (Jardin des Tuileries) ; *Barra* , jeune tambour tué dans l'ancienne Vendée, (pour le Panthéon) ; *Riquet* (Béziers); *Carrel* (Rouen) ; un bas-relief représentant *la Navigation* et *le Commerce*, fait pour la douane de la même ville.

La Jeune Grecque couchée sur le tombeau de Marco Botzaris appartient aussi à cette époque. Cette délicieuse statue est une de celles que David affectionne le plus, et dont il parlerait le plus volontiers. Le sculpteur l'a offerte en présent à la Grèce, et, aujourd'hui, le soleil de Missolonghi l'éclaire au milieu de la place publique.

Toutes les statues que nous venons d'énumérer, moins trois ou quatre, sont en marbre et de grandeur colossale. Les autres sont en bronze.

Mais les deux monuments les plus considérables qu'ait encore exécutés David, et qu'on ait peut-être exécutés dans ce siècle, sont *l'Arc de Triomphe de Marseille* et *le Fronton du Panthéon*.

Le premier de ces monuments a reçu le nom de Porte d'Aix. Les morceaux de sculpture que David y a exécutés, se composent de deux bas-reliefs qui remplissent les intervalles des colonnes, du côté de la route d'Aix ; de deux trophées, de deux Renommées placées dans les tympans de l'Arc ; d'un immense bas-relief attaché sous la voûte du monument, enfin de quatre statues colossales. Les deux bas-reliefs qui remplissent les intervalles des colonnes représentent, le premier, à gauche, *la Bataille d'Héliopolis.—Kléber* reçoit la soumission des chefs Turcs et Arabes —; le second, à droite, *la Bataille de Fleurus.—Jourdan* rend aux Autrichiens battus l'épée qu'ils lui remettent. L'un des trophées est composé d'armes orientales, l'autre, d'armes européennes. Les *Victoires* qui s'élancent du milieu de ces trophées, et qui écrivent avec la pointe d'une baïonnette les noms de *Fleurus* et d'*Héliopolis*, sont d'une admirable beauté. Là, comme ailleurs, David a concilié avec le plus rare bonheur l'idée moderne et la forme grecque. Le grand bas-relief représente la *Patrie* appelant ses enfants à son secours. Ce qu'il y a d'inouï dans ce magnifique ouvrage, c'est le mouvement qu'on y remarque. C'est une toile très animée ; on dirait que l'artiste a pétri une pierre qui n'offrait pas de résistance, et qu'il a fait passer dans cette pierre, subitement, sans que la réflexion ait eu le temps de les refroidir, les ardentes inspirations de son cœur. Les statues qui couronnent l'entablement de l'Arc, représentent les quatre Vertus militaires, à savoir, le Dévouement, la Prudence, la Résignation et la Valeur.

Aux grands hommes la patrie reconnaissante ; tel est le texte dont le Fronton de David est l'énergique commentaire. Toutes les professions, tous les âges trouvent leur place dans ce noble bas-relief d'un temple ouvert à toutes les gloires. La *Patrie,* debout sur un autel, distribue à droite et à gauche les palmes que la *Liberté* lui donne. L'*Histoire* écrit les noms de ceux que la patrie récompense. Des groupes d'hommes célèbres s'avancent des deux côtés pour recevoir les palmes qu'ils méritent. Là se distinguent à la fois Voltaire et Rousseau, Bonaparte et le tambour d'Arcole.

Les bustes exécutés dans cette seconde période, sont ceux de Laurent de Jussieu ; de Cuvier ; d'Arago ; de Sieyès; de Merlin, de Douai ; de Barrère ; de Victor

Hugo ; de Hahnemann ; du poète polonais Michiewicz ;
du docteur Billard, d'Angers (1) ; de Gérard, peintre ;
de l'abbé de Lamennais ; d'Alfred de Vigny ; de Jollivet ;
de Paganini ; d'Adam Billaud, menuisier d'Anvers ; d'Armand Carrel.

Médaillons de grandeur colossale : *Condorcet ; Casimir Périer*.

Parmi les ouvrages dont David s'occupe en ce moment,
on remarque *Guttemberg*, pour Strasbourg ; *Beaurepaire*,
pour Angers ; *Robert*, statue d'enfant en marbre ; et le
monument du *Général Gobert*.

Quelques circonstances remarquables de la vie de notre
illustre concitoyen doivent encore être racontées. Nous
le voyons, en 1831, épouser la petite-fille de Larevellière-Lépaux, noble femme, à sentiments élevés, à vertus
philosophiques, dont nous ne parlerons pas ici davantage,
de peur d'oublier quelque chose de tout ce qu'il y a de
beau à dire sur elle, ou de froisser sa touchante modestie.

En 1833, il fait avec sa femme un second voyage en
Allemagne, voyage moins rapide que le premier, et qui
lui fournit l'occasion de sculpter une foule de têtes célèbres, entre lesquelles celles du chimiste Berzélius ; de
Raüch, sculpteur à Berlin ; de Carus, médecin à Dresde ;
et du philosophe Ludwig Tieck. Tous sont en marbre
et dans des proportions colossales.

De retour de ce voyage, David reçoit, du roi Othon,
de Grèce, la décoration de l'Ordre du Sauveur. Depuis

______

(1) Médecin très distingué enlevé trop tôt à la science. Il a composé plusieurs ouvrages remarquables, entre lesquels un traité sur
les maladies des enfants nouveau-nés.

cette époque , nous le voyons rester à Paris, dans sa maison de la rue d'Assas, constamment occupé d'immenses travaux.

Telle est à peu près la vie de notre grand sculpteur. Comme on l'a vu, des rangs inférieurs de la société, David est arrivé, malgré des obstacles sans nombre , au point le plus élevé auquel on puisse atteindre. Il s'est fait lui-même ce qu'il est ; et, en cela, il marche l'égal de ces beaux génies de toutes les époques, qui ne consultant que les inspirations d'un instinct sublime, se sont frayé, à travers la boue et la barbarie, une route à la gloire impérissable. Lui aussi, il peut arracher violemment sa couronne des mains du prêtre qui la lui présente, et la poser de ses deux mains sur son front. Dès ses premiers pas dans la carrière si belle qu'il allait parcourir, il sentit qu'il fallait rendre à l'art cette noble utilité qui lui assure une influence directe sur les masses; qu'il fallait instruire le peuple avec l'histoire de ses grands hommes ; que si l'antiquité a le droit de nous donner des enseignements, ces enseignements doivent bien plutôt sortir des pages héroïques de ses traditions , que de la forme seule de ses chefs-d'œuvre d'art. Il n'a jamais changé de pensée. Épaminondas et Philopœmen lui ont toujours paru préférables à Apollon et à Hercule. Mais, pour obtenir les résultats qu'il désirait, pour placer l'art de la sculpture au niveau des idées du siècle, il a compris que si, d'une part, la forme grecque devait être préférée comme étant la plus parfaite , d'un autre côté, il ne fallait pas la laisser escortée des attributs avec lesquels elle s'offrait aux regards. Il songea à la rajeunir ; et c'est justement dans les besoins, dans les passions, dans les usages, dans les illusions peut-être , du temps où il vivait, qu'il est allé chercher cette flamme de jeunesse si ardente, qu'il a communiquée à ses beaux marbres. Pour la première fois on a vu la *Victoire* écrire avec une baïonnette le nom des batailles qu'avaient gagnées nos pères.

David a surtout puisé ses inspirations dans les fastes de la régénération sociale qui a signalé la fin du XVIIIe siècle. L'empire avait eu son peintre, Gros ; la république devait avoir son sculpteur. Ainsi, les époques mémorables n'ont jamais manqué d'artistes pour éterniser leur gloire. Quoiqu'il ait sculpté avec bonheur toutes les célébrités vivantes de la France, auxquelles leur génie assurait l'immortalité, il n'a pas oublié pour cela ces célébrités qu'une ère nouvelle ne connaît plus, quoique le tombeau ne les possède pas encore. Il a fait passer dans des faces éteintes et vieillies, l'énergique expression des années de courage, expression qu'il était urgent de ne pas perdre. Il a ramené soudainement, du fond de la scène où leur inutilité présente les obligeait à se cacher derrière les acteurs du jour, ceux qui remplirent, il y a quarante ans, les premiers rôles, et qui, oubliés, mourant de faim, écrasés sous le poids des dédains inouis, demandaient à mains jointes, pour conserver eux-mêmes le souvenir d'une vertu ancienne qu'on s'efforçait de couvrir de boue, qu'une main intelligente la retraçât pure et vengeresse dans leurs portraits. La France offrait à notre concitoyen une mine si vaste à exploiter qu'il n'a pu s'empêcher d'en sonder long-temps, le ciseau à la main, les filons précieux. Cependant il ne s'est montré ni exclusif, ni égoïste ; il a voulu que le monde entier prît part aux découvertes de son génie ; les grands hommes de tous les pays ont été l'objet de ses travaux. Il n'a pas craint sa peine ; il est allé chercher ces hommes au loin, au cœur même de leur patrie ; et il a rapporté en triomphe au milieu de nous leurs traits, lorsque nous ne savions que leur nom. Il a voulu donner par là un exemple de l'impartialité et de la loyauté nationales ; les étrangers n'ont jamais fait pour la France ce que David a fait pour eux.

Il a fait une étude toute particulière des sentiments de
l'ame humaine ; aussi les diverses têtes qu'il a traitées,
têtes de bustes ou de statues, se font-elles remarquer par
l'expression vivante de la physionomie. Le modèle a dis-
paru ; cependant, sa vie et sa pensée sont là encore. C'est
que David , qui ne s'occupe jamais d'un homme sans con-
naître à fond son caractère, ses actions ou ses ouvrages,
s'est toujours attaché à la vie de l'ame bien plutôt qu'à
la vie du corps. Ses grands hommes ne se trouvent jamais
dans la condition d'humiliation où la vieillesse et le malheur nous laissent. David les a représentés dans les moments
où le génie les éclairait d'un rayon sublime.

Les bas-reliefs de notre illustre sculpteur sont inimita-
bles ; rien ne peut leur être comparé pour l'action et le
mouvement qui s'y rencontrent. Quelques unes de ses statues sont vêtues du costume du temps ; d'autres sont nues,
les épaules seulement couvertes du manteau de l'Elysée.
Aux unes, il a voulu conférer les honneurs humains , aux
autres, ceux d'une apothéose divine. Ce n'est pas l'amour
aveugle du nu , amour si naturel et si légitime d'ailleurs,
qui l'a engagé à dévier quelquefois des règles du costume consacré ; non, il a adopté l'un ou l'autre système ,
suivant que la figure lui a paru porter le cachet d'une
époque déterminée , ou devoir se balancer indécise dans
les temps, éternelle et indivisible comme le temps lui-
même.

Il a quelquefois répété ses bustes ; il n'a point répété
ses statues. En cela , il n'a pas imité ses devanciers,
Canova , surtout, qui répétait volontiers ses plus beaux
ouvrages. Aussi, quoique David ait travaillé énormément ;
quoiqu'on ait dit de lui avec beaucoup de raison, dans
les journaux anglais, qu'il avait produit tout autant qu'aurait pu le faire un homme dont la vie se serait prolongée

jusqu'à l'âge de quatre-vingts ans, ses statues seront-elles néanmoins plus rares que celles des autres artistes.

Il a sculpté en dehors des proportions humaines, afin de rendre plus imposant le prestige des réputations éclatantes, et de faire respecter davantage la souche d'où les œuvres sont tombées. Jamais notre concitoyen ne traita de sujets vulgaires ou frivoles ; jamais l'art ne servit pour lui à satisfaire des idées personnelles de vengeance, ou des passions.

Il a opposé aux criailleries d'un siècle épuisé qui osa croire quelquefois que l'art n'avait plus rien à faire, et que les nobles conceptions de l'intelligence avaient repris leur vol vers Dieu, ce calme que son ami M. Ingres, son frère de talent et de génie, a opposé aux criailleries du même genre. Il a pensé qu'avec un cœur ardent et une imagination grandiose, on trouvait partout des inspirations. Les ressources de l'art lui ont toujours paru immenses, là où les autres les considéraient comme étroites et bornées. Ce qui fait une partie de sa gloire, c'est de n'avoir désespéré de rien.

Et cependant, avec de semblables titres à l'admiration universelle, que de nobles vertus privées ! David ne sait pas qu'il est un grand homme, dit Mistress Opie (1) ; en effet, sa modestie l'empêche d'apercevoir sa supériorité. Lorsque la ville d'Angers voulut lui décerner une récompense civique, en donnant son nom à l'une des salles du Musée et à la rue dans laquelle il était né, il refusa, et déclara que, dans son opinion, on ne devait récompenser les hommes qu'après leur mort. L'administration municipale ne crut pas devoir respecter ce vœu. Ainsi, David a reçu, en quelque sorte malgré lui, le témoignage flatteur d'admiration qu'on lui offrait.

(1) Tait's Magazine Edimburhg. April 1834.

Ses manières aimables et gracieuses lui ont de tout temps attiré l'affection des personnes les plus recommandables de l'Europe, dont sa maison est incessamment le rendez-vous.

Généreux à l'excès, non content de livrer presque toujours gratuitement ses médaillons, ses bustes et ses statues, il ouvre encore sa bourse à ceux que l'indigence oblige à y puiser. Chaque jour, il reçoit des lettres dans lesquelles de pauvres artistes, des familles désolées, lui demandent en termes attendrissants, à lui qui ne fera jamais de refus, de prompts secours. David lit à peine la lettre d'un bout à l'autre, s'informe à peine, et court porter lui-même à ces infortunés dont il se souvient d'avoir partagé l'agonie, l'argent qu'ils lui ont demandé. Voilà des actions bien rares dans ce siècle; voilà des faits qui honorent l'humanité, qui motiveraient une louange sans bornes, si le talent seul de l'artiste ne la motivait déjà suffisamment (1).

Du reste, les fadaises de l'amour-propre n'ont pas effacé un seul instant en lui le souvenir des premières années, ni étouffé les sentiments tendres. Il parle avec une émotion touchante des misères de sa jeunesse, et ne cherche pas à jeter un voile sur sa détresse des mauvais jours, ainsi que l'ont fait bien des hommes célèbres qui ne voulaient pas apparemment qu'on sût les conquêtes que leur génie avait faites. C'est lui qui nous dit le premier qu'il fut un temps où il n'avait pas de quoi acheter un chapeau pour couvrir sa tête, un temps où l'on s'éloignait de lui parce que son pauvre habit tout usé inspirait du dégoût à ceux qui s'en approchaient. Il conte cela avec un charme qui

(1) La même feuille anglaise qualifie David d'homme de génie que n'égale aucun artiste vivant, sans en excepter l'immortel *Chantrey* et l'admirable *Westmacott*.

rappelle les plus délicieuses confidences de Jean-Jacques. S'il vient à Angers, la première chose qu'il fasse, c'est une visite au cimetière où son père fut enterré. Fils pieux, il y reste durant de longues heures, cherchant la tombe perdue de celui qui mourut pauvre, de celui que, par un soir d'automne, tandis qu'un brouillard pluvieux ruisselait sur l'aube blanche du prêtre, un seul ami, M. Delusse, conduisit jusqu'à la porte de la dernière demeure.